Smile, please

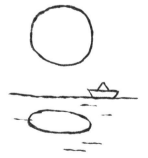

smile 190

【跟一行禪師過日常】怎麼專注

作者：一行禪師（Thich Nhat Hanh）

譯者：張怡沁

責任編輯：潘乃慧

封面設計、繪圖：王春子

校對：聞若婷

出版者：大塊文化出版股份有限公司

台北市105022南京東路四段25號11樓

www.locuspublishing.com

讀者服務專線：0800-006689

TEL：(02)87123898 FAX：(02)87123897

郵撥帳號：18955675　戶名：大塊文化出版股份有限公司

法律顧問：顧慕堯律師、董安丹律師

總經銷：大和書報圖書股份有限公司

地址：新北市新莊區五工五路2號

TEL：(02) 89902588　FAX：(02) 22901658

初版一刷：2022年12月

初版六刷：2023年10月

定價：新台幣180元

Printed in Taiwan

一行禪師
Thich Nhat Hanh

怎麼專注

張怡沁　譯

目次

專注筆記

平靜的河面，

才能映照出滿月。

明淨的心，

能洞察萬物的真正本質。

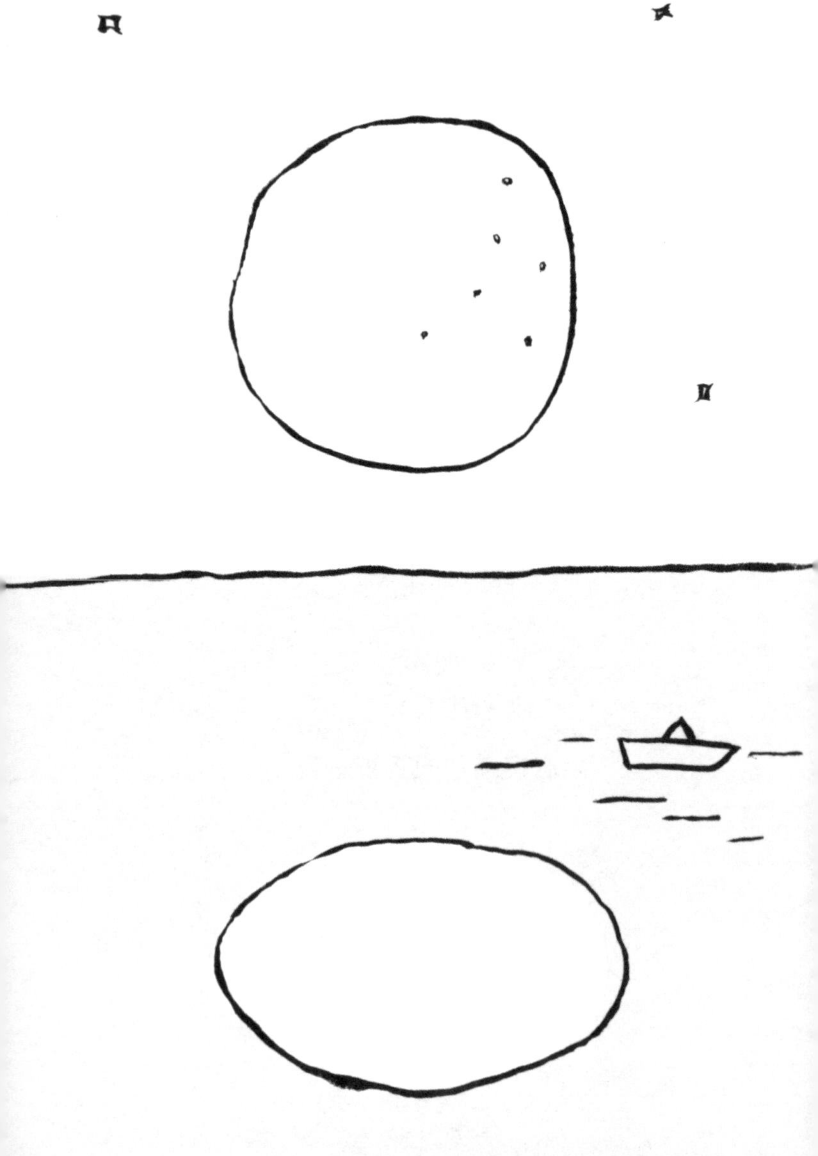

覺知與幸福相連

正念是一個奇蹟，能夠將散亂的心重新整合，將心喚回來，讓我們全然活在生命的時時刻刻。

正念總是會帶來定，而定能夠帶來智慧和洞察。

當你集中心神專注喝茶，這杯茶能帶給你極大的喜悅。念與定不只帶來智慧，也帶來了幸福。

定帶來理解

我們愈能夠保持正念，就愈能集中。「定」一詞在梵文叫「三摩地」（samādhi），意即等持，心安住於一境，平等維持，安定專注不散亂。心的所緣可能是一朵雲、一朵花，也可能是你的憤怒。如果你的注意力消失，某個時候又回來了，這不叫定。在定的狀態裡，你的注意力會保持平穩、持續。當正念和定力足夠，就得以突破，生起智慧和洞察。洞察能夠帶來理解，有力量將我們從無明、分別、貪愛、恐懼、憤怒和絕望中解放出來。

深入接觸生活

當你能保持正念和定，就能享受日常生活的每一刻。當我帶著正念，從某處步行到他處，我享受吸氣、呼氣和所走的每一步。當你專注時，你會深深沉入當下此刻。當你觀照一朵花，你會非常深入接觸這朵花，它是生命的奇蹟。

當你端起一杯茶來享用，你深入接觸到這杯茶，享受到喝茶帶來的平靜、幸福和自在。自在是我們的修習。如果正念和定帶給你一點自在和安穩，那麼平靜和喜悅就成為可能。

回到自己

日常生活中，我們經常活在失念中。心追逐的事物成千上萬，很少花時間回到自己。當我們長時間處在失念的狀態，就會失去與自己的連結，與自己疏離。正念呼吸，是幫助我們回到自己的美妙方法。當我們意識呼吸，便宛如閃電般瞬間回到自己。我們像是長途跋涉、終於回到家的孩子，感受到壁爐的溫暖，重新找回自己。像這樣回到自己，已經是非常成功地走在念、定和慧之道。

觸碰生命的奇蹟

藉由正念呼吸，我們在當下此刻觸及生命──這是我們能碰觸到生命的唯一時刻。當你集中注意力在呼吸上，很快會發現，你是個活生生的真實存在，就在此時此地，端坐在這美麗的地球上，周圍有樹木、陽光和藍天。念和定讓你接觸到生命的奇蹟，讓你重視並珍惜這些事物。

免於後悔和焦慮

全然覺知呼吸是一個美妙的方法，讓我們解開後悔與焦慮的心結、在當下回到生命。如果我們被遺憾過往、焦慮未來、當下的執著與厭惡所囚禁，就無法接觸生命，也沒有真正活出自己。當我們吸氣與呼氣，從頭到尾跟隨自己的呼吸，就得到了自由，不再被焦慮和渴望所支配。當我們全然覺知呼吸，呼吸變得更慢、更規律；感受到平靜與喜悅生起，每一刻我們變得更加安定。我們以正念呼吸，回到自己，恢復身心合一，再次變得完整。當我們身心合一，就能完全臨在，完

全活著，並且能夠真實連結到當下此刻所發
生的一切。

專注從呼吸開始

我們把呼吸當作心專注的第一個對象。所有的注意力都放在呼吸，讓心與呼吸合而為一。首先，專注在呼吸，然後我們可以練習專注在其他現象。當我們用呼吸將心集中在一個對象，就能止息混亂的思緒，讓心維持在單一的所緣。當我們持續練習，定的能量會幫助我們深深穿透那所緣的核心，並獲得洞察和理解。

覺察感受

感受有樂受、苦受和中性的感受。禪修時我們會發現觀照中性感受的樂趣。當我們坐在草地上,心思渙散,這時擁有的是中性的感受。但是當我們覺知這中性的感受,會發現坐在陽光灑落的草地,真是太棒了。當我們帶著正念和定,觀察感受流動,會發現許多中性感受其實是相當令人愉快的。

做出決定

內心出現焦慮、煩惱或憤怒時，我們無法清楚決定該怎麼做。當你回到自己，正念呼吸，心會集中在單一的對象：呼吸。如果能持續正念吸氣並呼氣，就會保持這種全然存在與自由的狀態。頭腦會更清晰，做出更好的決策。心保持這樣的狀態，所做的決定，要好過受到恐懼、憤怒、困惑和擔憂的影響而做的決定。

止

禪修有兩方面：止和觀。我們常常強調觀的重要，因為觀能帶來智慧和洞察，讓我們從痛苦和煩惱中解脫。但止的練習十分基本。止是禪修的開端。如果我們停不下來，不可能生起洞察。我們必須學習止的藝術——停下紛亂的思緒，終止慣性模式，不再失念，讓支配我們的強烈情緒止息。當情緒像風暴般呼嘯而過，我們不會有平靜。我們打開電視，然後關掉；拿起一本書又放下。

如何才能停止這種躁動的狀態？我們可以修習正念呼吸、正念行走和深觀，停下來之後就能夠理解了。當我們保持正念，深入

接觸當下，總會帶來理解、接納和愛的果實，以及離苦得樂的渴望。

清明的心

禪修不是迴避問題或逃避困難。我們修習不是為了逃避,而是為了得到足夠的力量,有效地面對問題。要做到這一點,必須保持平靜、清新、安穩。也因此我們需要修習止的藝術。當我們學會止,就能更加平靜,心變得更清晰,就像沙泥沉澱後澄澈的水。

自在行走

只要你需要從任何一地到另一地方,隨時都能享受自己的每一步,不論距離有多短。如果走了五步,就把這五步當作行禪。每一步,都能帶來喜悅與安定。

爬樓梯時,在念、定和喜悅中走上每一道階梯。如此一來,你就是在做佛陀所做的:把最好的自己傳遞給世界。如果我們知道如何帶著念和定過日常,那麼和平、幸福、兄弟情誼都能實現。百分之百投入於走路,覺察每一步。帶著覺知行走的是你。你慣性的雜念或思考方式並未把你拉走,你保留自己的主權,你是決策者。你走路,是因為你想

要走路，每走一步都能自在從容。有意識地走每一步，正念的步伐帶領你，接觸到當下此刻生命的奇蹟。

這也是為什麼走路時，不要思考。一旦思考，念頭會偷去我們的行走。不用說話，因為說話會把你帶離步伐。這樣走路是一種享受。當你保持念和定，你就是全然的自己，不會迷失。你優雅而尊貴地行走。沒有正念，你可能覺得走路是被迫的，是苦差事。藉由正念，你視行走為生命。

當你走路的時候，讓腳步跟隨呼吸的節奏。呼吸保持自然。吸氣，如果肺需要兩

步，就走兩步；如果肺吸氣需要三步的時間，就走三步。呼氣時，你或許想比吸氣時多走一、兩步。傾聽你的肺。即使周遭充滿喧囂與躁動，你仍然可以保持呼吸與步伐的協調。就算置身大城市的混亂中，也可以帶著平靜、喜悅和內在的微笑行走。每一步都應該是享受。

持續播放的收音機

大多數人的腦海中都有個會不斷播放的收音機，頻道是 NST（Non-Stop Thinking）：不停歇的念頭。這些念頭大多沒有建設性。我們想得愈多，就愈無法體驗周圍的事物。腦子裡充滿噪音，因此我們聽不到生命的呼喚。心在呼喚我們，但我們聽不見。我們沒有時間傾聽自己的心。我們必須學著關掉收音機，停止思考，停止內在對話，才能充分享受當下，過好自己的生活。

正念呼吸和腳步能將我們從思考中拉出來，重新感受活著的喜悅。

習氣

或許我們有意願停下來，但習氣往往比意願更強大。習氣的梵語是 vāsanā。認識自己的習氣非常重要。這些習氣可能是由好幾代的祖先傳下來，而我們繼續長養它。習氣非常強大。我們並不笨，明知這樣做或那樣說，就會搞砸自己的關係，然而，關鍵時刻一到，還是照說或照做不誤。為什麼呢？因為習氣的力量大過自己。習氣一直推動我們，即便你想停下，它也不准。我們說著、做著自己不想說、不想做的事，事後又感到後悔。我們讓自己和他人受苦，造成很多傷害。我們發誓不再犯，卻一再重蹈覆轍，因

為習氣推動著我們。我們需要正念的力量來辨識習氣，為它而在，來切斷這個具破壞性的循環。

有了正念，每當習氣出現，我們都能覺察到。我們可以說：「習氣你好，我知道你在那裡！」我們只是對它微笑，它的力量就會減少很多。念和定的能量，能幫助我們識別習氣，避免被習氣支配。理智上，我們知道應該活在當下，卻總是被習氣推著團團轉，失去活在當下的能力。也因此，念和定的實修是如此重要；光是談論和閱讀是不夠的。

深觀

我們在禪修中修定，將心安住於一個清晰的焦點。這叫作**心一境性**。唯有定，才能深觀。我們用呼吸來集中心意，凝聚到一個所緣。於是心的散亂止息了，我們能將意識定在單一的對象上。定的對象，就宛如蜂后，周遭圍繞著紛至沓來的思緒。呼吸、一片葉子、一塊鵝卵石、一朵花、我們當下的狀況、我們希望更理解的人，或是任何心中所想的事物，都可以當作禪修的焦點。就如同演員站上舞台，被聚光燈打亮，我們將注意力集中在定的對象。當我們用放大鏡將陽光聚焦在一個點上，能量會非常有效地集中，

在布上燒出洞來。同樣地，我們將心意識集
中在一個焦點或單一客體上，以便得到突
破，增進理解。

橘子禪

吃橘子時，你可以把
吃橘子變成一種禪修。用你覺得舒適穩定的
方式坐著，看著橘子，你看到橘子是一個奇
蹟。橘子的存在並不亞於奇蹟。

手捧著橘子，看著它，微笑。你看到橘子樹、橘子花，你看到陽光滲透樹葉，雨水滲入土地，你看到小小的果實；現在果實已經長成美麗的橘子。所以只要看著橘子，對橘子微笑，你便觸及了生命的奇蹟，因為橘子就是生命的奇蹟。由於缺乏念和定，才沒有發現這個事實，沒看到我們手中的橘子是真正的奇蹟。當你看著橘子，對橘子微笑，你真的看到了橘子的豐美和神奇的本質。突然間，你自己也成了奇蹟，因為你**就是**奇蹟。你的存在不亞於奇蹟。你的出現是個奇蹟。你是個奇蹟，與另一個奇蹟相遇。

　　剝開橘子。你聞著它，而你的內在，有著安穩、真實存在與覺察的元素。這一刻的生命因此變得真實而美好。

神經迴路

我們在大腦中追蹤到許多會導致苦與樂的神經傳導路徑。或許其中某幾條是你常走的路徑,以至於成為習慣,總是帶著你用同樣的方式反應。比如,當你碰到某件事,可能是一段記憶或一個對象,而它老是將你推向憤恨的那條路徑。藉由修習念、定和慧,你可以選擇注意讓你感到幸福的美善事物;或是當你遇到某些狀況,你的回應方式總是讓自己受苦,此時若能帶入正念,選擇不同的回應方式,就有了更多清明與理解。重複幾次之後,你逐漸打開一條通往幸福與和解的新神經迴路。

假設有人說了激怒你的話，即便你知道無濟於事，你的習性是說點什麼來反擊並懲罰對方，正念可以幫助你不致太快反應。你可以對自己說：「憤怒你好，你是我的老朋友。我知道你在。我會好好照顧你。」認識並擁抱你的憤怒，能幫助你釋懷。像這樣修習慈悲和正念，將之導向自己和你認定激怒你的那個人，讓慈悲和理解生起，痛苦和憤怒就逐漸消散了。你能看到另一個人的痛苦，甚至能說點什麼來幫助他們。

心行

覺察心，意謂著覺察「心行」，也就是各種心理狀態。「行」，即是現象，是由其他元素聚合而成的任何事物。一朵花是一種物質現象，由陽光、雨水、土壤、種子等組合而成。我們的手是一種生理現象。憤怒是一種心行；念和定也是心行。依照我的傳承，心行有五十一種。當我還是個年輕的沙彌，必須背誦所有心行。重要的是，我們要訓練自己，能夠在每個心行升起的時候辨認出來，說出名稱。觀心也就是觀心行。

五遍行

在五十一心行中，有五種是無時無刻不在運行的，稱作「五遍行」：觸、作意、受、想、思。它們有形成的順序，前面的心行導致下一個心行，從觸到思的整個過程，花不到一秒鐘的時間。

當某個感官接觸到一個感官對象，像是眼睛看到一朵花，「觸」就發生了。不論我們是否意識到這一點，感官會持續接觸到各種事物。一次接觸可能帶來或淺或深的印象。只有在「觸」有一定的重要性時，「作意」才會發生。「觸」也是「受」生起的基礎。正念可以隨時介入。如果在這個階段帶入正

念，介入「想」的過程，那麼「想」與「思」就不會推著你依照慣性來回應。

透過「想」，我們識別所注意事物的形態和特徵，並且為它定義命名，例如樹葉或山峰。我們對接觸到的事物都會有個概念，但要謹慎，因為我們往往成為錯誤知見的受害者。看到一條繩子，就以為是一條蛇。所以不論心接觸到什麼，首先要知道這是「想」的對象，而我們的「想」可能有錯。正念可以幫助我們避免錯誤的認知。

「想」與「受」促成了「思」。「思」即是意志或意願，這股能量推動我們回應——

做點什麼，希冀或逃避某件事。有時你明白做了什麼事會毀了自己，卻依舊想這麼做，因為你的「思」太強大了。但有了念與定的介入，就能得到智慧、洞察與決心，說「不」，你便自由了。

大腦具有神經可塑性；大腦可以改變，我們也可以。五遍行形成某種神經迴路，引導我們**趨**向慣性回應，或是藉由念、定與慧，塑造新的神經迴路，走向理解、慈悲、幸福與療癒。

禪修成功的祕訣

修習不思量，是禪修成功的祕訣。當你被思想占據了，你失去「觸」的第一印象，失去了安住於當下的機會，無法接觸到自己內在和周圍發生的事。反之，我們只需單純覺知「觸」與「受」。如此一來，我們能連結到內在與外在環境中身與心所具有的滋養與療癒元素。當你的感受是樂受，停止思考，單純覺察這份感受。或許那是赤腳走在沙灘上的愜意。走在沙灘上，若能放下此起彼落的念頭，你會感到幸福快樂。刷牙、上廁所、打開燈光或水龍頭，任何時刻都可以是幸福的時刻。

品嚐綠豆餅

我四、五歲的時候,我母親每次上市場,都會帶個綠豆餅回來給我。她出門時,我會在花園裡玩蝸牛和石頭,看到我母親回來,我就很開心。我拿著她給我的糕點去花園裡吃。我知道不能吃太快。我想慢慢吃——愈慢愈好。我會咬下邊邊一角,讓餅的甜味進入嘴裡,然後抬頭看著藍天。我會低頭看看狗,看看貓。我就是這樣吃餅的,要花半個小時才會吃完。我沒有什麼煩憂,也不會想到名聲、榮譽或利益、過去或未來。所有人都經歷過這樣的時刻,不渴望任何事物,不後悔任何事情。我們不會問自己「我是

誰？」之類的哲學問題。我們現在有辦法這樣吃餅嗎？

如是

你一直在等待的機會，就在當下此刻。

每一步都是機會；每一次呼吸都是那個機會──讓你回到當下，停下無止境的徘徊，或是等待那一天的到來。

你一直在等待的那天就是今天；
你一直在等待的時刻就是此刻。

你必須穿透時間和空間的面紗，才能來到當下此刻。

無論碰到什麼情況，這個機會一直在你身邊。在當下，你會找到一直尋找的事物。

擁有你領土的主權

想像一下，有個國家沒有政府、國王、女王，也沒有總統。沒有人照看這個國家。但國家需要政府。我們也一樣，需要在自己的領地照看它，因為這塊領地十分廣大，包括我們的身體、感受、認知、心行和意識。我們需要成為國王或女王，管理自己的領土。我們要懂得何謂珍貴、何謂美麗，才能加以保護。我們要知道哪些事物不那麼美好，才會去修復或改造。我們要成為明智的君主或女王，而不是逃離自己的國家。

有些人不想當國王或女王，只想逃避責任，因為他們覺得太累了。我們看電視、吃

東西、使用社交媒體、查看電子郵件或新聞、打電動、聽音樂，或用各種社交方式來逃避現實，不想回到自己的王國。身為國王和女王，我們要意識到自己的責任，明白自己應該主理政權，回到自己的領地去照顧它。我們可以學習各種管理方式。修習正念和定，就知道如何實行。所有基本方法都在十六個正念呼吸的練習中（參見本書第二部分的練習章節）。

對呼吸和步伐保持正念，以便真正活在當下此刻，擁有主權，治理你的王國。那麼在你開口或行動時，就能帶著正念表達自己，深入聆聽，理解另一個人的難處和喜悅。

好奇與探究

　　若想做好專注的練習，就得把修習變得有趣。如果你對注意的對象非常感興趣，會很容易專注，而這份專注可以觸及心識的最深層次。念和定的果實是理解。如果你對某件事不感興趣，就永遠不會理解它。如果你對一個人不感興趣，也永遠無法理解此人。如果你對這個人很感興趣，你會維持正念和專注，輕易發現這個人的一切。如果你對某個事物非常感興趣，這個事物對你很重要，一切都會變得有趣——一片葉子、一塊鵝卵石、一朵雲、一方池塘、某個人、某個情境、你的孩子。你渴望深入研究這所有的事物，

找出它們的真實本質。當專注變得容易、自然、不費力，就是真正的禪定。

究竟層面

生命有兩個層面，我們應該能夠觸碰兩者。第一個層面像是波浪，我們稱之為**歷史的層面**；另一個就像水，稱為**究竟的層面**，或說涅槃。通常我們只接觸到波浪，但是當我們發現如何碰觸到水，就得到了禪修帶來的最高果實。

在歷史層面，我們有出生證明和死亡證明。你母親去世的那一天，你感受到苦。如果有人坐在身邊，表達關切，你會稍感寬慰。這是波浪的世界，它的特質是生與死、起與落、有與無。波浪有始和終，但這些特質不能用在水。水的世界裡，無生無滅，無

有也無無，無始亦無終。當我們接觸到水，就碰觸到究竟實相，從這一切概念中解脫。如果你知道如何在究竟的層面接觸自己的母親，她會常伴你左右。你會看到她帶著微笑處於你的內在。這是深刻的修習，也是最終級的解脫。

有一天，我正要踩到一片枯葉，我在究竟層面中看到那片葉子。我看到它並沒有真正死去，而是與潮濕的土壤融為一體，準備在來年春天以另一種形式出現在樹上。我對著葉子微笑說：「你只是在假裝。」所有事物都在假裝生、假裝死，包括我差點踩到的那片葉子。我們所謂的死亡那天，是我們以各種其他形式延續的那一天。

深觀實相的本質

禪修者與科學家不同,他們不用複雜的研究儀器,而是用內在智慧 ── 自身的光,來深觀事物。一旦我們放下執著、恐懼和憤怒,以及概念與觀念,就有了非常明晰的工具來體驗實相,不受二元之見,像是生與死、有與無、來與去、同與異的繫縛。修習念、定和慧,可以淨化我們的心,讓心成為強大的工具,深觀現實的本質。

放眼全球

我們或許以為，自己沒有能力接觸到究竟，這並不正確。我們已經做到了，問題是如何能更深入、更頻繁地實踐。例如，「放眼全球」這句話，是接觸究竟的方向。當我們以全球化的角度思考，可以避免許多錯誤，對幸福和生命也會出現更深刻的看法。你站立的位置包含整個地球。修習行禪時，你會意識到，每走一步，都碰觸到整個地球。當你帶著深刻的覺察接觸某個事物，等於觸及了一切。時間也是如此。當你帶著深度的覺察接觸某個片刻，你也觸碰到所有片刻。如果你深深活在某一刻，那一刻包含了所有的過

去與未來。當你深刻地喝一杯茶，你就觸碰
到當下，觸碰到時間整體。

四種食糧

當某些事物形成了，我們認知它的存在，深觀並發現幫助它成長和持續餵養它的各種食糧。如果沒有食糧，沒有任何東西能生存；不論是愛、恨、思想，還是沮喪，少了食糧就無法繼續存在。重要的是，我們能清楚自己攝入了什麼，如何餵養了我們的快樂和痛苦。有四種食糧，會帶來幸福或痛苦：**搏食（食用的食物）**、**觸食（感官印象）**、**意思食（意志或意願）**、**識食（意識）**。只要能夠認清自己所受的苦，看到苦的成因，就會擁有更多的平靜和喜悅，並且已經走上解脫的道路。

食用的食物

我們要學習購物、烹飪和飲食的方法，來保護身體和精神的健康和幸福，這十分重要。我們只攝取那些能為身心帶來平靜、健康的東西；吃的方式，要有助於保持內在的慈悲。我們必須深入瞭解食物是如何種植出來，才能以保護人類集體福祉的方式進食，盡量減少自己和其他物種的痛苦，並且讓大地繼續成為我們所有人的生命源頭，確保我們孩子的未來。

感官印象

我們的六種感官——眼、耳、鼻、舌、身、意,持續接觸到感官的對象,而這些接觸會成為我們心識的食糧。當我們開車行經某個城市,眼睛會看到許多廣告牌,這些圖像會進入我們的心識。當我們拿起一本雜誌,裡面的文章和廣告都是心識的食糧。所以不僅兒童應該受到保護,隔絕暴力和不健康的節目、電影、書籍、雜誌、遊戲和社交媒體的侵害,我們也可能被這些東西摧毀。如果能保持正念,就會知道自己是攝入了毒素,還是得到某些感官印象的滋養,因而生起理解、慈悲,決心幫助他人。

意志

「意思食」是最深層的願望或意圖,是一切行動的根本。我們必須問自己:「這一生最深的願望是什麼?」意願會帶我們前往幸福或痛苦的方向。意願是一種滋養並給予我們能量的食物。如果你有正向的願望,像是保護生態與環境,或者過簡單的生活,有餘裕照顧自己和心愛的人,那麼你的願望會帶給你幸福。如果你追逐權力、財富、性和名聲,以為這些會帶給你幸福快樂,那麼你攝取的是一種非常危險的食物,會帶來許多痛苦。只要看看周圍,就會發現這確實無誤。比如說,你認為當上大公司總裁會讓你開

心，那麼你所做或所說的一切，都會朝著這個目標發展。即便睡覺時，心識也會持續如此盤算。又比如，我們相信，自己和家人的痛苦來自過去辜負我們的人，以為只有傷害那個人才能重獲快樂，生活於是完全被報復和懲罰的意願推動。

大家都想要幸福快樂，我們內心有股強大的能量，推動我們朝著自以為會快樂的方向前進。我們應該認知到，地位、財富、名譽、財產或報復，往往是追求幸福的阻礙。我們可以期許自己不去追逐這些事物，滋養最深層的渴望，如此就能享受生活中唾手可得的奇蹟──藍天、樹木、我們美麗的孩子。

意識

如果我們無法轉化過去的痛苦經歷，這些事情仍會埋藏在我們的意識中。當我們容許過往的痛苦影像浮現，那就宛如啃噬自己的意識；我們想得愈多，就愈加憤怒、浮躁。我們咀嚼自己的痛苦和絕望，宛如牛隻反芻。我們反覆思量自己的苦，於是再一次承受痛苦。但意識中也有開悟的種子。我們的意識跟電視一樣，有許多頻道。為什麼我們不按下慈悲和理解的按鈕，換個頻道？

我們啃噬自己的意識，攝取集體的意識，兩者當中都有滋養的食糧，也有含毒的食糧。我們應該覺知到，當自己長期接近充滿

仇恨和絕望的社群，這種能量會滲透到內在。我們需要找個能夠滋養的集體環境，其中的成員心懷慈悲與助人的意願。

二手標緻

一九七〇年代，抵達法國後的幾年內，我們買了一輛小車，是二手的標緻（Peugeot）。我們靠它跑遍歐洲，這輛車不僅能載人，還運過沙子、磚塊、工具、書籍、食物和許多其他東西，讓我們著手在巴黎郊外一處舊農舍建立芳雲庵（Sweet Potato Community）。我們用這輛車滿足所有的需求，也保存了很多年。後來車老了，不能再開，我們也很難放手。我們很喜歡這輛小標緻，因為我們和它一起經歷了這麼多事情。這輛車經歷了故障、無數次事故和數不清的維修。不得不拋下它的那一晚，我和夥伴們都十分難過。

我不知道人們是否也會對自己買的東西產生如此深厚的連結。很多人非常渴望擁有最新的玩意，這一點製造商和廣告商都很清楚。商品不耐用並非偶然。我們想要的事物不斷變化。我們想花錢買的東西，也時時刻刻在改變。人們總愛追求新事物，這段時間買來的東西或許讓我們愛不釋手，但很快就習以為常，覺得無聊，然後把它丟了，再買別的。當你在念和定中成長，就能重新掌握自己的生活，逐漸看到自己在空虛、無意義的消費中浪費多少時間。藉由深觀，我們發現，追逐這些渴望的事物，帶來的只有苦，而非持久的幸福快樂。

保持動力

我們若是沒有連結自己的意願，連結最深的渴望，那麼不管再怎麼努力、掙扎，也不容易專注。當內在的渴望足夠強烈，實現真正的覺醒所需的專注自然而然就生起了。不論是吃飯、喝水、走路還是洗碗，即便我們以為自己不太專心，但因為有強烈的渴望驅動，並不會偏離專注的狀態。在自己領域專心致志的科學家和哲學家，也有這種渴望。當我們連結到最深的渴望，自然能專注其中，而且會持續很長一段時間，不僅在禪堂，在浴室、花園、廚房、市場，無論我們走到哪裡，都會保持專注的狀態。

尋常中自有靈性

有了念和定,一切都變得靈性。你想從哪裡尋求靈性?從每天在做的尋常事務當中尋找。掃地、為菜園澆水、洗碗,這些事情帶著正念與專注去做,就變得神聖崇高了。每一分鐘都可以是神聖崇高的一分鐘。

洗碗於俗諦,
疊起三萬隻。
從真諦看來,
一直洗無妨。

宛如清澈湖水

靠山旁有一座湖，湖水清澈靜謐，湖中倒映著山巒，映襯著天空，清澈見底。你也可以像湖一般。如果你夠平靜安定，就可以如實地映照出山巒、藍天和月亮。你映照你所看到的一切，不會扭曲任何事物。安靜坐著，只是吸氣和呼氣，就可以培養出專注、清晰和力量。所以，像一座山那樣安坐著。風吹不倒這座山。如果你能坐上半小時，享受這半小時的安坐。如果你能坐幾分鐘，享受這幾分鐘，那也很好。

一心一意

每天早上開始工作，你可能會收到許多重要的電子郵件，你得決定先讀哪一封。或許有兩封看起來同等重要，但你只能選一封。下決定後，你應該只處理那封電子郵件。過橋的時候，你只過這座橋，不要想著下一座。你會需要經過下一座，但必須先走完現在這座橋。這就是我們的修行，這就是定：一心。如果沒有訓練自己把所有注意力集中在單一對象，心念就會迷失散亂。這是訓練的問題。你得百分之百安住在當下此刻；定力必不可少。

如果你是治療師，道理也是一樣。當你面

對這個病人，不要去想其他病人。你必須將百分之百的心力放在這位病人身上，並且完全與他同在。也許你有很多事情想做，想幫助很多人。佛陀也發願幫助許多人。但是佛陀可以全然為一個人而在，以便深入瞭解對方，提出最適合的教導。因此，身為老師、治療師、父母，我們必須以同樣的方式修習，將注意力集中在此時此地的單一對象。

正見

修習念和定，以獲得正見。否則，我們的觀
點少了無常、無我、無分別、相即的智慧，
便不符合實相，於是我們的思想、言語和行
為也會為自己和他人帶來痛苦。除非我們能
看清楚，否則錯誤的認知會妨礙我們獲得正
見。深入接觸實相，是讓自己從錯誤的認知
中解脫出來的方法。有了正見的基礎，我們
生起的每個念頭、言語和行為，都能符合正
見的智慧。許多定的修習可以幫助我們培養
正見。正見是我們深入生活實相的智慧。

三法印

三法印是無常、無我、涅槃這三種定。它們是所有佛法教義的標記，是深入觸及每一個現象、打開實相之門的鑰匙。我們用念和定的能量來接觸任何事物。例如，當我們觸及自心，心會感受到，並且歡喜接受這份關注。如果以正念深深地觸及心臟，會看到它**無常**的本性。即使三個月前心臟還是健康的，也不能保證這個狀態能永遠持續，特別是我們沒有照看、照顧它的話。同時，我們也看到了心臟的**無我**、相即的本質。心臟的健康取決於許多因素，比如其他器官的健康、飲食、環境和遺傳因素。

當我們深觀心臟的無常和無我本質，會逐漸理解心臟的難處，也會感受到愛並希望照顧它，而我們的行為可以轉化心臟的狀態。這同樣適用於身體的每個部位。我們戒菸，注意飲食，避免造成肝臟衰竭、肺部功能失調，或者心臟的血管堵塞。當我們使用三法印作為開啟身體實相之門的鑰匙，自然會想要瞭解得更深。只有深入瞭解它，我們才會細心呵護它。

同樣地，我們可以用這三把鑰匙打開一切現象的實相之門。無常和無我屬於現象世界，也就是歷史層面。當我們深深觸及各種

現象，以無常和無我的角度觀看世界，我們就進入涅槃的境界，也就是究竟的層面，我們會感到自在、無所畏懼。無常和無我本質上是一樣的；它們都指出，獨立存在而恆常的自我並不存在。以時間來看，我們說無常；以空間來看，就是無我。我們的藏識、我們的潛意識，是無常的，沒有獨立的自我；就像一朵花或一塊麵包，它包含了宇宙中所有的現象。

無常

理智上，我們懂得諸行無常，但在日常生活中，卻仍表現得好像事物恆常不變。無常不僅是概念，還是幫助我們接觸現實的練習。每次看或聽，我們所感知的對象都可以向我們揭示無常的本質。我們可以整天滋養我們對無常的洞察力。當我們深觀無常，會看到世事的變化來自於因緣的變化。

我們要學著欣賞無常的價值。如果身體健康且能對無常保持覺察，就會照顧好自己。當我們知道自己心愛的人也是無常，就會更加珍惜所愛。無常教導我們尊重並珍惜每一刻，以及周圍和內心所有的珍貴事物。我們

修習以正念看無常，就不會把事情視為理所當然，我們會變得更加臨在，更有愛心，以全新的眼光看待一切。

「深觀」可以成為一種生活方式。我們修習正念呼吸，幫助我們在接觸事物時深觀它們無常的本質。這個修習讓我們不再抱怨一切無常。無常令轉化成為可能。幸好有無常，我們能夠化苦為樂。當我們修習正念生活的藝術，那麼當事情出現變化，我們也不會有任何遺憾。

我們必須每天滋養對無常的洞察。如果做得到，就能活得更深刻，受的苦更少，更能

充分享受生活。深刻地活著，可以觸及現實的基礎：涅槃——無生無滅的世界。深深地觸碰無常，我們也觸及並超越了恆常與無常的世界。我們觸及存在的基礎，看到我們所謂的有和無只是概念。無失也無得。

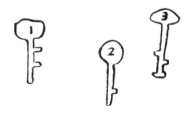

修習觀無常

　　假設伴侶惹你生氣，因為他剛剛說了一些話讓你痛苦。你覺得難過，以至於想回點什麼，讓對方難受。你以為這麼做能少受些苦。我們都不笨，明知此舉相當幼稚，卻有許多人依然故我。如果你說了什麼讓對方受苦，那麼他也會試著反擊，讓你難過，來緩解自己的感受。你們兩人都在練習拉高憤怒的程度。假設你修習專注於無常。只要閉上眼睛吸氣。吸氣的三、四秒間，你可以想像三百年後，愛人是什麼樣子。

　　三百年後，我的愛人會是什麼樣子？

三百年後，我會成為什麼樣子？

專注於無常，讓你立刻領悟到，愛人是無常的，你也是無常的，在當下折磨彼此十分愚蠢。專注於無常，能帶來對無常的洞察，讓你以非常真實的方式，接觸到自己和愛人的無常本質。當你睜開眼睛，你會很開心愛人還在世間，你唯一想做的就是張開雙臂，擁他入懷。

吸氣，親愛的，我知道你還在。
呼氣，我很開心。

無我

深觀任何事物，會發現它之所以存在，是因為別的事物存在。從時間的角度來看，我們說**無常**；從空間的角度來看，我們說**無我**。事物不能時時刻刻持續不變；因此，沒有所謂永恆的我。從這一瞬到下一瞬，你的身體和精神都不同。深觀無常，你會看到無我。深觀無我，你會看到無常。我們看到自己是由非我的元素所組成，在我們身上可以認出祖先、父母、文化、社會等一切的一切。這個教導很簡單，連小孩也能懂。譬如，我們可以在自己心中觀想家人：

在我心中，我看到父親是個五歲的孩子，
　　幼小而脆弱。
我心生慈悲，對他微笑。

　　這樣的禪修引導，能幫助我們觸及無我的真相。當你知道自己是由非你的元素所構成，就能明白父親也在你之內，全然地活在你體內的每個細胞中，他的苦依舊在你內在。這種修習能帶來相即和無我的洞察，幫助你放下對父親的憤怒。

　　智慧與洞察帶來愛，少了智慧就不可能有愛。如果你無法理解，也無法去愛。這是洞察，是直接的理解，不只是概念。禪修時，讓那洞察的光芒照耀我們。任何事物都無法單獨存在，沒有所謂獨立存在的我。每件事物都必須與其他的一切相互依存。

無我餅乾

我第一次吃到花生醬餅乾，就好喜歡！當時
我在加州的塔薩哈拉禪中心。我瞭解到要先
混合材料做好麵糊，然後用湯匙把麵糊放在
餅乾紙上。我想像每塊餅乾離開麵糊碗、被
放上托盤的那一刻，餅乾開始認為自己獨立
存在。你，做餅乾的人，瞭解到這個狀況，
對餅乾有了許多慈悲。你知道它們本來是一
體的，即便是現在，一塊餅乾的幸福，仍然
是所有其他餅乾的幸福。但是餅乾已經形成
分別計較的認知。突然間，它們在自他之間
畫出了分界線。當你把餅乾放入烤箱，它們
開始對彼此說：「走開，我想站中間。」「我

是咖啡色欸，好美喔，你好醜！」「你不能往那邊移過去一點嗎？」我們也有這種行為傾向，因而導致很多痛苦。如果懂得如何接觸無分別心，我們與他人的幸福快樂就會增加許多。

我們都具備無分別的智慧，也能運用在生活中，但我們得訓練自己從這個角度去看，看到花是我們，山也是我們，父母和孩子都是我們。當我們看到每個人、每件事都屬於同一生命之流，痛苦就會消失。無我不是教條，也不是哲學，而是洞察，可以幫助我們更深入生活，減少受苦，更享受生活。

涅槃

懂得無常和無我，我們就接觸到了涅槃。許多人認為涅槃是幸福的所在，是開悟者死後的歸處。再也沒有比這個說法更誤導人了。涅槃可以在此時此地、此生中證悟；涅槃意謂著解脫和自由。如果我們能夠從執著、瞋恨、嫉妒等煩惱中解脫，從生死、有無、來去、人我、異同等妄見中解脫，就能在當下接觸到涅槃。

涅槃無法形諸於語言和概念，因為它超越了語言和觀念。涅槃意謂著花時間享受我們所處的位置。涅槃帶來的快樂非常之大。欲享涅槃，必須捨棄在日常生活中綑綁我們的

所有事物，當下自然就是涅槃了。就像我們放下溫暖的毯子和懶散，打開門走出去，馬上就迎來涼風、月亮和星星。有這一切環繞在身邊，夫復何求呢。

培養專注力的練習

十六個正念呼吸練習

佛陀在《入出息念經》裡，教導我們如何培養定，並轉化恐懼、絕望、憤怒和貪念。發現這部經典的那一天，我感到幸福，以為自己找到世上最大的寶藏。以前，我只要獲得知識就滿足了，不懂得享受當下，不知道要深入瞭解生活，享受周圍正面的事物。這部經是如此基礎，如此美妙。偉大的經典有很多，沒有先讀這本就想親近其他經典，有如試圖登上山頂卻找不到路。

練習總共分成四組，每一組有四個練習。

第一組是**觀身**，第二組是**觀受**，第三組是**觀心**，第四組是**觀**心之所緣：一切現象。

覺觀身體

前面四項練習幫助我們回到自己的身體，以便深入瞭解它、照顧它。覺知的第一個對象是呼吸。我們的呼吸可能短、可能長，可能重、可能輕。只要覺知呼吸，不要試圖改變。讓呼吸自然發生。以這種方式修習覺知，心與呼吸合一。我們也明白，呼吸是身體的一個面向，而覺察呼吸能幫助我們和身體接觸。重要的是，在日常生活中，我們要學會創造身體的和諧與平靜，讓身心重新結合。我們覺知吸氣、呼氣，把心帶回身體。專注在自己的身體，平靜、放鬆、療癒，讓它感到自在。

1 覺察呼吸

第一個練習是覺察吸氣和呼氣。吸氣時，覺知自己在吸氣。只注意入息，其他都放下——放下過去、未來和計畫。就只是吸氣，你就是自由的，因為在那一刻，你不是你的悲傷、恐懼或遺憾，你只是你的吸氣。吸氣時，默念第一句話；呼氣時默念第二句。繼續吸氣和呼氣時，也可以只默念關鍵字「吸，呼」。

　　吸氣，我知道我在吸氣。
　　呼氣，我知道我在呼氣。
　　吸，
　　呼。

這樣練習，已經是覺醒了。通常我們都不知道自己在吸氣。現在，心覺知「我在吸氣」。我們會產生「我活著」這份洞察。活著，是非常美妙的事。覺察吸氣和呼氣，可以非常愉快。這是正念修習的基礎。可別低估這項簡單的練習。即便你已經修習多年正念呼吸，這仍是非常美好的練習，你會繼續從中得到愈來愈多的好處。

2 跟隨呼吸

吸氣，我從頭到尾跟隨我的吸氣。
呼氣，我從頭到尾跟隨我的呼氣。
跟隨吸氣。
跟隨呼氣。

在整個吸氣和呼氣的過程中，你的定力不曾中斷。把注意力完全放在吸氣和呼氣，沒有跳過一毫秒。你專注的對象是你的入息。你完全與入息同在，你非常安穩地安住於入息。別無他想，沒有過去，也沒有未來。你的確享受自己的吸氣，不會覺得練習是件苦差事。當注意力集中在呼吸，你很快會發現自己是個活生生的實體，存在於當下此刻，安坐在這個美麗的地球上，周圍有樹木、陽光和藍天。走路的時候練習正念呼吸，你會察覺到，能在這個美麗的星球上生活、踏出步伐，都是奇蹟，而幸福就此升起。

3 覺察身體

吸氣，我覺知全身。
呼氣，我覺知全身。

我們發現，對呼吸的覺察，也是對整個身體的覺察。我們的心、呼吸，和整個身體是合一的。我們重新連結身體，記起自己的身體就在這裡。當身心合一，我們就真實存在於當下，可以深入過著日常生活的每一刻。與身體和解，為自己的身體而在，停止身心彼此的疏離。回到身體，你觸碰到身體的奇蹟。身體的運作，是數百萬個過程交互作用的結果。如果你知道如何連結、接觸自己的身體，就能與地球母親和整個宇宙連結。

4 平靜並釋放身體的緊張

吸氣，我平靜身體。
呼氣，我釋放身體的緊張。

平靜身體，能讓身體得到休息。休息是療癒身心的先決條件。回到自己的身體，可能會覺察到身體的痛苦和緊繃。活在失念中，會在體內累積壓力和疼痛，而現代生活又帶來額外的壓力。我們必須善待身體，給它放鬆的機會。在吸氣和呼氣時，讓身體平靜，釋放身體的緊張。

不論身體處於哪個姿勢，不論是躺著、站著、坐著，還是走路，我們都可以練習正念呼吸，釋放緊張。你可以在做早餐、洗澡、

開車或搭公車時練習，不必刻意留時間。我們不能說：「我沒空練習。」我們有足夠的時間可以整天練習，並且立刻從中受益。

走去教室、工作場所或禪堂時，你可以在每一步釋放緊張。像一個自由自在的人一般走路，享受踏出的每一步。你不再匆忙。輕鬆行走，每一步都釋放身體的緊張。每次從某處到另一處，你都用這種方式步行。這樣練習，你會得到放鬆和喜悅，也讓身邊每個人受益。練習正念呼吸是一種愛的行動。你成為和平與喜悅的工具，能夠幫助他人。

覺觀感受

透過這四個練習，我們回到自己的感受，以便培養喜悅與幸福，轉化痛苦。感受就是我們。如果我們不照顧自己的感受，誰來做這件事呢？我們每天都可能產生痛苦的感受，所以要學著如何照看這些苦。老師和朋友們可以在某種程度上幫助我們，但我們必須自己來做這件事。身體和感受是我們的領地，我們是有責任照顧這片領地的國王或女王。正念呼吸，平靜身體，喜悅和幸福的感受就會自然生起。當你實踐這十六個練習，你會發現每個練習將引導出下一個練習。

5 培養喜悅

吸氣，我感覺到喜悅。
呼氣，我感覺到喜悅。

我們往往會迷失於工作和煩惱，看不到生活的奇妙之處。現在我們回到自己，接觸清新的空氣、一杯茶、鮮花和青草，接觸美妙的地球。感官讓我們接觸到這些事物，喜悅也來得更加容易。

6 培養幸福

吸氣，我感覺到幸福。
呼氣，我感覺到幸福。

在第六個練習中，喜悅變成幸福與平靜。當下此刻就可以幸福。只需要幾秒鐘的呼吸，就看到當下幸福的可能。很多人以為財富、權力或名聲會帶來幸福，但是透過這種方式練習，我們瞭解到正念和定才是幸福的源泉。喜悅和幸福有點不一樣，喜悅中仍包含著一絲興奮。

我們常認為自己沒有足夠的幸福條件，於是奔向未來，追求更多幸福的條件。如果掌握了前四項練習，安住於此時此刻，那麼很容易就看到，自己已經擁有足夠的條件感到幸福。「吸氣，我感到幸福。」這不是想像，也不是一廂情願，因為當我們回到自己的內心，就能接觸到內在和周圍的幸福元素。

7 辨識痛苦感受

吸氣，我覺知痛苦感受。
呼氣，我覺知痛苦感受。

這個練習是純粹覺知正在生起的痛苦感受。有痛苦的能量，也有正念的能量，能溫柔地辨識並擁抱痛苦，不去壓制痛苦。沒有練習的話，我們很容易被痛苦淹沒，或者試圖逃避，藉由吃東西、聽音樂、上網等任何不必面對內在痛苦的活動，企圖掩蓋苦的感受。商業市場提供許多事物，幫我們掩蓋痛苦。透過消費，我們讓痛苦蔓延。我們必須與自己的苦保持連結，才有機會療癒這份苦。我們禪修，以接觸自己的苦與樂。讓心

回到身體，培養喜悅和幸福，可以給予我們足夠的力量，面對和擁抱苦的感受。我們不再逃避或掩蓋苦。照顧痛苦的感受，身與心就不再彼此孤立。

8 釋放痛苦感受

吸氣，我擁抱痛苦感受。
呼氣，我平靜痛苦感受。

當我們懂得如何溫柔擁抱痛苦的感受或情緒，就已經得到一點舒緩。每當注意到某些苦的感受或情緒升起，我們可以回到正念呼吸，產生念和定的能量，辨認並擁抱苦，就像慈母覺察到孩子的痛苦，充滿愛地將孩

子擁入懷中。

利用這些觀照感受的練習，我們懂得如何處理苦與樂。當我們懂得處理幸福，就能繼續用覺知來滋養愛、平靜和幸福，讓它們持續存在。當痛苦浮現，我們不會害怕，因為我們已經知道如何處理、如何緩解，並將痛苦轉化為更大的理解。一開始，我們可能不明白痛苦來自何處，但如果能夠看清並溫柔地擁抱苦，就已經好很多了。保持正念和專注，很快就會發現痛苦的源頭與根源，生起理解和慈悲。

覺觀心

觀心即是觀心行。每個心行都像是心的河流中的一滴水。憤怒、恐懼、正念、正定、慈心和洞察都是心行。在正念呼吸的第九項練習中，我們坐在心行之河的岸邊，辨識所有心行的升起。

9 覺察心行

吸氣，我觀察心。
呼氣，我觀察心。

所有心行都可以在意識顯現。心行有五十一種：五遍行、五別境、十一善、二十

六煩惱、四不定。首先，有五種心行被稱為遍行，因為它們運行於所有時間和所有識。五別境不會在每種識中運作。善心行包括不害、行捨、信等。煩惱包括根本煩惱如貪、嗔、癡，以及較小的煩惱如忿、慳、嫉等。

四不定，或說中性心行，既不是本質善的，也非不善。當身心需要休息，睡眠就有益。但如果睡太多，可能就不健康了。如果我們傷害了某人並為此感到後悔，那就是有益處的悔。但如果這個悔導致了內疚感，而這內疚的心結影響了未來所做的任何事，那麼它就算是煩惱的悔。思考若能幫助我們看清，就是有益的。但如果心緒散亂，方向太多，那麼這種思考就是無益的。

所有心行都以種子的形式存在於心識。每當其中之一以能量的形式顯現，我們希望有足夠的覺知來識別它，以真名稱呼它。「你好，我的心行，你的名字叫作嫉。我認識你。我會好好照顧你。」

禪師在傳統列表中增加了幾種心行。

五遍行

觸

作意

受

想

思

五別境

欲

勝解

念

定

慧

十一善

信

慚

愧

無貪

無瞋

無癡

精進

輕安

不放逸

行捨

不害

一行禪師增添的善

無畏

無憂

堅

慈

悲

喜

謙

樂

清涼

自在

六根本煩惱

貪

瞋

癡

慢

疑

惡見

105

二十隨煩惱	一行禪師增添的煩惱
忿	恐懼
恨	憂
覆	絕望
惱	
嫉	四不定（非善，亦非不善）
慳	
誑	悔
諂	眠
害	尋
憍	伺
無慚	
無愧	
掉舉	
惛沉	
不信	
懈怠	
放逸	
失念	
散亂	
不正知	

10 心的喜樂

吸氣，我令心喜樂。
呼氣，我令心喜樂。

當心處於平靜快樂的狀態，專注集中會比充滿悲傷或焦慮時，來得更容易。我們覺察到，自己有機會禪修，而且再也沒有比當下更重要的片刻。平靜地安住在當下，只要觸及自身的悲憫、信心、善良、包容、自由、慈愛、寬恕、理解等種子，就會生起喜悅。我們知道這些心行有如種子，深埋在心識中，我們只需要觸碰它們，用正念呼吸澆灌，它們就會顯現。在日常生活中，我們應該能夠滋養它們，讓它們有機會顯現為美善

的心行。每當慈悲或喜悅的心行生起，我們都會感覺美妙。我們的心識中有許多這樣的善心行，我們應該讓它們盡可能地顯現。

我們知道所愛的人內心也有美好的事物，或許我們會說或做一些事，來觸發這些美好的事物，讓所愛之人幸福快樂。你不想澆灌他們內在憤怒、恐懼和嫉妒的種子。你只想為自己和他人澆灌喜悅、幸福和慈悲的種子。這叫作選擇性的澆水或正精進。這會強化我們的心，因此當我們想要擁抱並審視自己的負面心行，就能更清晰、安穩地做到。

11 集中

吸氣，我令心集中。
呼氣，我令心集中。

禪修意謂著全然安住於當下，專注於禪定的對象。在當下顯現的所有心行，都能成為你專注的對象。將注意力完全集中在單一對象，就像一枚接收陽光並將光線凝聚在單一定點的透鏡。透過這種方式，你可以穿透禪修對象的真實本質，得到智慧和洞察，能幫助你從憤怒、貪愛和妄想等纏縛中解脫。

12 解脫

吸氣，我令心解脫。
呼氣，我令心解脫。

當我們從憤怒、恐懼和妄想中解脫，就出現了幸福的可能。第八個練習可以帶來一點舒緩，但我們的心依然可能受到過去、未來、潛藏的欲望、憤怒和其他煩惱所綑綁。透過清晰的觀察，可以找到束縛自己、讓心無法自由平靜的結。鬆開這些結，解開綑綁心的繩索。帶著全然覺察的呼吸，燃起觀照的光芒，照亮心，讓心自由。深觀恐懼、憤怒或焦慮等心行的本質，理解便會生起，讓我們從執著、暴力和妄想等苦因解脫出來。

覺觀心的對象

正念呼吸的最後四個練習，提供幾個修定的方法，讓我們從錯誤認知和妄想中解脫，終止苦的延續。

心與心的對象同時出現；心和所緣總是同在。意識總是意識到某事物；感受總是在感受某些東西；愛與恨總是在愛或恨某些事物。一切生理現象，如呼吸、神經系統和感官；一切心理現象，如感覺、思想和意識；一切物質現象，如地、水、草、樹、山、河等，都是心所緣。而心所緣的領域，就是認知的領域。

13 無常

吸氣，我觀察萬法的無常性。
呼氣，我觀察萬法的無常性。

第十三個呼吸練習點出萬事萬物不斷變化的無常性。我們的呼吸，也是無常的。對無常的洞察，為我們開了一條路，揭示所有存在之間相互關聯、無我的本質。沒有任何事物具備分離而獨立的自我。

觀無常，可以幫助我們帶著對無常的洞察過生活，脫離許多煩惱的束縛，如憤怒、恐懼和妄想。釋放並拯救我們的，並不是關於無常的思考或概念，而是對無常的洞察。無常不是生命之歌的負面音符。少了無常，生

命不可能存在。沒有無常，你的小女兒怎麼可能長成少女呢？沒有無常，怎能期望轉化痛苦？你希望轉化苦，因為你瞭解苦是無常的。所以無常是正面積極的。我們要說：「無常萬歲！」

14 捨離

吸氣，我觀察捨離。
呼氣，我觀察捨離。

這是個釋放、捨棄觀念和概念的練習。生死、有無、自他、同異的觀念，都是恐懼和焦慮的基礎。放下這些觀念，會讓你自由，觸及自己的真實本性。我們捨棄自己的這些

觀念，便會與現實連結。想要帶著清明的心過生活，理解偉大的靈性導師最深刻的教誨，就得捨離二元的思維模式，這是誤解和錯誤觀念的根源。比方說，我們看到一對父子，此時若是陷入二元思維，便會將父子視為兩個完全不同的人。其實，當我們深觀兒子，可以在兒子的每個細胞中看到父親。如果你生父親的氣，氣到不想再和他有任何關聯，你也不可能把父親從你身上抹除。父親存在於你身上的每個細胞裡。

15 欲望止息

吸氣，我觀察欲望止息。
呼氣，我觀察欲望止息。

這個練習讓我們認出所貪求事物的真實本質，也看到每個現象都是無常的，已經在崩解的過程中，因此我們不再執著於攀附任何欲望的對象，也不再將它視為分離的個體。當我們吸氣並深觀自己貪求的對象，會看到潛藏其中的許多危險。我們知道，追逐它可能會摧毀身心。我們看到很多人因為追逐渴望的東西而毀了自己；同時也有些人認為，真正的幸福來自理解與愛。愈能夠培養理解與愛，就愈幸福快樂。這解釋了為什麼觀照離欲，有助於解脫。我們深刻看到所貪求事物的本質。

16 概念的止息

吸氣，我觀察概念的止息。
呼氣，我觀察概念的止息。

涅槃是我們無生無滅、無有無無的本性。
涅槃是一種洞察，從各種觀念、概念、想法
和誤解中解脫出來。在此生觸及自己涅槃的
本性是有可能的。涅槃就在當下此刻。信奉
基督教傳統的很多人講得簡短又優美：「安
息主懷。」讓自己在上帝之內安歇，就像波
浪棲息在它的本性——安歇於水中。想像波
浪在海面上起起落落。觀察波浪，我們可以
看到它的開始和結束；浪濤升起，浪濤落
下。但是當波浪深入自己的內在，看到自己

就是水。她是波浪，但她也是水，水不能用有與無、來與去、上與下來描述。波浪在當下此刻就是水。

波浪不需要追尋水，我們也不用追尋涅槃。涅槃本就已經存在。我們可以立即享受涅槃。有了念和定，就能觸及自己的本性，明白雲朵永遠不會死去。它只是變成雪，變成雨，或者變成冰。雲永遠不會變成無。無生無滅的本性存在於萬事萬物之內，包括我們自己。成為飄浮在天上的雲，十分美妙；化為甘霖落在大地，滋潤萬物，同樣奇妙。成為一條河，變成一杯茶，讓人飲用，也很美妙。再次化為水汽和雲朵，也是很奇妙的一件事。

這種洞察可以對應到科學，就如同熱力學第一定律所發現和解釋的：能量不能被創造，也不能被毀滅，只是從一個形式轉換到另一個形式。

你可以善巧地學習並修習這十六個練習。前四個練習對修定非常有幫助。每次修習時都做這幾個練習會很有用。但這十六個練習不一定要按照順序做，也不用一次全部做完。比方說，你可能想要專注在第十四項練習，連續做上幾天或更久。這些練習看起來簡單，但是效果深遠，難以衡量。

三解脫門

在十六項呼吸練習之外，我們可以加上三解脫門：空、無相、無願。在不同的佛學宗派中，都可以看到關於三解脫門的教誨。進入這三道門，我們便安住在定之中，觸及實相，從恐懼、困惑和悲傷中解脫。

空性

吸氣，我觀察空。
呼氣，我觀察空。

空不代表無。它意謂著無常、無我、緣起──也就是說，萬物相依而生，相依而

存。花朵依賴雨水、土壤和其他元素而存在，也涵容宇宙的一切──陽光、雲彩、空氣和空間。這朵花所沒有的只是：獨立存在。這就是空性的意思。這種定是打開實相之門的鑰匙。

我們保持對萬物相互連結的覺知。我們的幸福和痛苦，也是別人的幸福和痛苦。當我們的行動是基於無我，就能符合實相。我們會知道該做什麼、不該做什麼，對現況才有幫助。真正的空性，超越存在與不存在、有與無的概念。花朵存在，這說法不完全正確，但是說花朵不存在也不正確。一切都處於不斷變化的狀態，沒有獨立的自我。當我們深入空性，會看到萬物相即的本質。

無相

吸氣，我觀察無相。
呼氣，我觀察無相。

「相」是指我們形態、外觀、感知的對象。一切事物都有其形相，但我們往往會執著於這些相狀。如果你只把花看作是花，沒看到其中蘊藏的陽光、雲彩、大地、時間和空間，你就是執取花的形相。然而，當你接觸到花相即的本性，你就真正看到了花。如果你看到某個人，卻沒看到他的社會、教育、祖先、文化和環境，你不算真的看到他。相反地，你看到的是那人的形相、那個獨立自我的外相。當你能深入看到那個人，你就觸

及整個宇宙，不會被表象所欺騙。

除非觸及萬物無相的本性，否則我們無法觸及實相。當我們突破形相的隔閡時，觸及無相的世界——涅槃，那是最大的解脫。無相的世界何處尋？就在相的世界裡。當我們超越形相，便進入了非二元的世界，沒有恐懼，也沒有責備。我們可以超越時間與空間，看到花、水和我們的孩子。我們知道祖先就在我們內在，就在此時此地。我們看到佛陀、耶穌、甘地、馬丁·路德·金恩，所有的靈性祖先都未曾離世。

無願

吸氣，我觀察無願。
呼氣，我觀察無願。

什麼都不必做，哪裡都不用去，毋須了悟什麼，也無所取。玫瑰必須做點什麼嗎？當然不用，玫瑰的目的就是成為玫瑰。你的目的是成為自己。你包含了整個宇宙，不必追尋任何事物，也不必成為其他人。你這樣就很好了。無願讓我們享受自己，享受藍天，以及當下一切清新、療癒的事物。

我們不需要把任何事物擺在跟前並追逐它。我們已經擁有追尋的一切。生命本身就是珍貴的。幸福的所有元素都已經在這裡

了。無需追趕、奮鬥、尋找或掙扎；只要**臨在**。安住在當下此刻，就是最深刻的禪修。很多人不相信，行走時，只需像無處要去一般地行走，就夠了。人們以為努力與競爭是常態且必要。試著練習五分鐘無願，你會看到在那五分鐘裡，自己有多麼幸福快樂。

劈柴挑水的片刻，**就是**幸福的片刻。我們不需要等到完成這些雜務才感到快樂。在此刻擁有幸福，就是無願的真義。否則，我們餘生將不斷地繞圈子。我們擁有的，足以讓當下成為生命中最幸福快樂的時刻。即便承受頭痛或感冒，也毋須等待。感冒是生活的一部分。

禪修不是為了開悟，因為開悟已經存在我

們之內，不必向外尋索。我們不需要目的或目標。修行不是為了獲得高位。當我們看到自己一切具足，已經成為自己想要成為的樣子，便不用再費力。單單看到陽光照進窗子，或者聽到雨聲，我們此刻就很平靜。不必四處奔走。我們可以享受每一刻。人們說要進入涅槃，但我們其實已經在涅槃之中。無願與涅槃是一體的。我們要做的就是完整、真實地做自己——只要回到自己，觸及本來就存在內在與周圍的和平與喜悅。

【跟一行禪師過日常】系列

《怎麼坐》（*How to Sit*）

《怎麼吃》（*How to Eat*）

《怎麼愛》（*How to Love*）

《怎麼走》（*How to Walk*）

《怎麼鬆》（*How to Ralax*）

《怎麼吵》（*How to Fight*）

《怎麼看》（*How to See*）

《怎麼連結》（*How to Connect*）

相關書籍

《自在》（*Be Free Where You Are*）

《一行禪師講入出息念經》（*Breathe, You Are Alive!*）

《初戀三摩地》（*Cultivating the Mind of Love*）

《幸福》（*Happiness*）

《佛陀之心》（*The Heart of the Buddha's Teaching*）

《怎麼走》（*How to Walk*）

《回到家，我看見真心：讓家成為休息的空間》（*Making Space*）

《一行禪師說佛陀故事》（*Old Path White Clouds*）

《當下一刻，美妙時刻》（*Present Moment, Wonderful Moment*）

《心如一畝田》（*Understanding Our Mind*）

《禪與拯救地球的藝術》（*Zen and the Art of Saving the Planet*）

國家圖書館出版品預行編目資料

怎麼專注 / 一行禪師（Thich Nhat Hanh）著；張怡沁譯. -- 初
版. -- 臺北市：大塊文化出版股份有限公司, 2022.12
128面；12×18公分. --（smile；190）（跟一行禪師過日常）
譯自：How to focus
ISBN 978-626-7206-28-7（平裝）

1. CST：佛教修持　2. CST：生活指導　3. CST：注意力

225.87　　　　　　　　　　　　　　　　　　111016953